Alte Sachen

- Poesie aus der Fülle des Lebens -

Marten van den Berg

Für Andrea Akinawa, für die Liebe

Bild auf Umschlagseite:
„Wiederkehrende Formen III" (2005)
Unbearbeiteter Stein, Sand und Leimfarbe auf Leinenmalgrund.
Marten van den Berg

Bibliografische Information Der Deutschen Bibliothek: Die Deutsche Bibliothek verzeichnet diese Publikation in der Deutschen Nationalbibliographie; detaillierte bibliographischen Daten sind im Internet über http//dnb.dbb.de abrufbar.

©2007 Marten van den Berg
Herstellung und Verlag: Books on Demand GmbH, Norderstedt
ISBN 978-3-8370-1380-1

Inhaltsverzeichnis

Vorwort

Seit langem schreibe ich Gedichte und Kurz-
geschichten. Oftmals war ich unzufrieden mit dem
Ergebnis oder verzweifelt, so dass ich mein
literarisches Schaffen in den Papierkorb feuerte, so
wie ich auch meine Malerei, Objekte und
selbstgebauten Gitarren vernichtete.

Dass Sie dennoch diese Gedichte aus dem Ende der
achtziger Jahren und Anfang der neunziger kennen
lernen können, verdanken Sie (und natürlich ich!)
meiner Lebens- und Weggefährtin Andrea Akinawa
Kautzmann. Während ich meine Originale ,in die
Tonne kloppte', bewahrte sie in den fast zehn Jahren,
in denen wir keinen Kontakt hatten, Ihre Kopien auf.

Das erste und älteste Gedicht, „Paradichtlein", ist eine
Übersetzung aus dem Niederländischen. Das
niederländische Original - wen wundert's - existiert
nicht mehr.

Paradichtlein

Ein Vogel rast durch schrilles Grün
Haarsträubend knallt der Flügelschlag
Des Falters in mein Ohr

Ein Farn sucht kreischend seinen Weg
Durch rauchend Moos

Nur in der Ferne höre ich
Das leise, Ruhe bringende Geräusch
Der Autobahn

Geschichte

Durch die zerstörte Landschaft
Der Geschichte
Kurven Pfade von Abgrund zu Abgrund
Tief eingeschliffen von Fehlern
Die gemacht wurden
Immer wieder

Seiltänzer

Im Dunkeln taste ich mich vor
Stets der Gefahr bewusst
An beiden Seiten vieler Grenzen
Bekannt, doch nie zu Hause

Grenzler genannt
Und Grenzler bin ich
Zerrissenheit mein Jammerlos
Nur, irgendwie auch Ziel

Im Gleichgewicht der Unbalance
Suche ich die Ruhe eines Grabs
Manchmal gerettet von
Der Geste eines Geistes

Und immer wieder spüre ich
Den grauenvollen Reiz
Des Fallens ohne Netz

Träume

Manchmal klar
Manchmal im Nebel, verschwommen
Immer Versprechen
Einer schöneren Welt

Unerreichbar weit
Mit Steinen besät der Weg
Stolperpflastersteine
Der Hoffnung
Halten mich im Fallen gerade
Verletzen den Zeh

Aufständigkeit
Gegen mich, ja
Sehnsucht, manchmal
Nach dem Boden der Tatsachen

Gewisses

Die erbetene Hilfe gebe ich nicht
Manchmal
Manchmal denke ich, spüre ich, meine ich
Das Gefragte ist nicht das, was hilft

In mir suche ich Härte
Entschlossenheit
Finde nur Feigheit
Gewissen
Wenn im Voraus gewusst
Ich hätte kein schlechtes

Mich plagen Gedanken
Verantwortlichkeit
Keinem nehmen
Ich weiß

Gott hat ein schweres Leben

Gesellschaft

Wir waren die Gesellschaft
Die ihre Enkel tötet
Zu nähren ihre Kinder

Wir sind jetzt die Gesellschaft
Die ihre Kinder tötet
Um selbst so sich zu nähren

Wir werden die Gesellschaft
Die selbst sich tötet
Für eine Illusion der Nahrung

Wie immer haben wir es nicht gewusst
Taub waren wir für Schmerzensschrei
Von Erde, Bäumen, Tieren, Menschen
Blind für die Zeichen an der Wand
Wie kann ich etwas tun, wo meine Nachbarn so viel
schlimmer treiben

Der Frieden, der einst kommen wird
Wird teuer gezahlt

Kaum denke ich noch an Dich

Nur, wenn ich Nummernschilder mit einem A sehe
Oder Frauen mit kleinen Brüsten

Nur, wenn ich Vögel singen höre
Oder Musik, oder den Laut von Stimmen

Nur wenn ich Blumen oder Gras rieche
Oder mehr noch, ein bestimmtes Parfüm

Spüre ich diesen Stich im Herzen
Zieht sich der Magen zusammen
Und ich muss gestehen
Ich denke an Dich

Deutschland

Klammheimlich gräbt sich aus
In Hinterköpfen niederlässt
In kalten Herzen wohnhaft war
Das Grauen der Vergangenheit

Vertuscht von Glanz
Von Geld, Erfolg
Und Demut stets geringer
Wer kann letztendlich was dafür
So lang her
Zu lange her für Schuld

Im Boden der Gefühle
Von nationalem Stolz
Von Angst
Von ungeheurer Dämlichkeit
Von falschen Worten
Selbstbetrug
Wächst unaufhaltsam
Zart und hässlich, bittersüß
Das Kraut von Lügen und von Hass

Spät ist es schon
Ich höre
Die Stiefel knallen in den Straßen
Schon nicht mehr schüchtern
Sondern frech

Und wieder brennen Menschen

Star gazer

In tiefer Finsternis suche ich einen Hauch von Licht
Noch nicht von mir gesehen, man haut mein Auge zu
Ich weiß: nur wer die tiefen Täler kennt
Nur, warum und weshalb ich? Und dann so oft
So oft und dann so hart
So hart und tief

Das Mitleid der Welt, es kennt mich nicht
Ich bin, vom Mitleid unerkannt
Und ich? Ich leide schon zu viel
Zu viel, dass ich noch mit
Selbst mit mir selbst

Klar, wäre die Aufgabe die leichteste Lösung
Ich bin jedoch zu sehr bedrängt
Aus Trotz stehe ich noch zu mir selbst
Nicht weil ich will, ich muss
Auch wenn man lacht
Star gazer

Der Pfad

Endlich nach all den Jahren
Von Suchen und Verfehlen
Habe ich zum Schluss erkannt
Mein Pfad, der ist mein Ziel

Nicht in der wahren Lösung
Im Zweifel liegt der Wert

Mir langt die Sicherheit
Dass ich BIN, jetzt und hier
Im Augenblick des Glücks
Fragt nur der Narr warum

Im Hin-und-her des Fragens
Löst sich die Antwort auf

Begegnungsgedichte

Anfang der neunziger Jahre leitete ich gemeinsam mit einer Kollegin eine therapeutische Gruppe, die im Kern für etwa anderthalb Jahre zusammen blieb. Weil sowohl meine Kollegin wie auch die Teilnehmer offen dafür waren vieles Neues auszuprobieren, habe ich diese Zeit als äußerst produktiv und kreativ in Erinnerung.

Wie es immer so ist: ich habe in dem Prozess selbst viel gelernt und ich habe enorme Fortschritte in der Entwicklung dieser Menschen miterleben dürfen. Als die Gruppe schließlich aufgelöst wurde, bedankte ich mich mit den nachfolgenden acht Gedichten bei den Teilnehmern.

Augen

Hundert, tausend Augen
Gezielt auf mein Gesicht
Hundert, tausend Pfeile
Gespitzt durch meine Angst

Ja, hunderttausend Augen
Und jedes brennt ein Loch
Die Mauer, die ich baute
Durchlöchert wie ein Sieb

Was wäre, wenn ich einfach
Den Vorhang fallen ließ

Der Schwimmer taucht und lässt
Die Oberfläche im Stich

Vermutungen

Ich frage mich wer kennt
Das Wesen seines Wesens
Der Alltag weich und sanft bedeckt
Das Objekt meines Suchens

Und doch

Gelassenheit eine dicke Schicht
Darunter sprudelt tief versteckt
Die Sehnsucht nach dem Selbst
Aufständig brav, Protest gehorcht

Zurückgezogen spüre ich
Ganz tief den Gegenstrom

Die Welt erwartet, Ungeduld
Den Tag: Geburt des Falters

Der Breitmaulfrosch
(im Ernst)

Gestachelt wie der Igel
Wenn man zu nahe kommt
Verschlossen wie die Muschel
Der Fluss wird abgedämmt

Des Bisons stolzer Rücken
Sich manchmal nur entspannt
Wenn Breitmaulfrösche schweigen

Ich weiß es geht dir gut

Die Metametametazwiebel

Wo höre ich zu schälen auf
Wo ist des Pudels Kern
Mit wenig Schall und sehr viel Rauch
Zwingt sie mich immer wieder
Eine Ebene noch tiefer

Doch irgendwann
Ganz tief versteckt
Dann brennen meine Augen

Geduld

In freundlich, lieben Gesten
Steckt ungeahnte Kraft
So ab und zu vergessen schon
Die Wolke, die auf Dein Befehl
Die Sonne rauh vertreibt

Der Zwang der Unabhängigkeit
Von Last zu Wachstum wächst
Befreit von Eile unterwegs

Das Leben mag Geschenke
Zu ungewählter Zeit

Mal schauen

Verwirrt in Seen: deine Augen
Gerettet dann vom Herzen
Verwirrt, erstaunt, erfreut
In neu entdeckter Gleichsamkeit

Der Unterschied bleibt stehen
So wie die Frage nach
Der Tiefe deiner Haut

Der Traum vom Rampenlicht
Nur ab und zu verstört
Durch Liebe, die nicht sein kann

Kompetenz

Der Anfang täuscht

Er spendet, anders als erwartet
Kostbarkeit der Feinheit

Von Tiefen überrascht
Im freien Fall zögerlich
Sich wieder mal gefangen

Die Kompetenz lacht
Spottend um innere Werte
Und wird von ihnen überrollt

Malen

Die Hand geleitet von
Dem Tanz von Farbe und Licht
Der Körper gleitet mit
Der Form der Vision

Die Sehnsucht meines Herzens
Verkörpert auf dem Blatt

Und die Gedanken jagen Bilder
Die meine Seele sucht zu fangen
Wie froh macht mich der Wind
Der Träume kalt verweht

Dresdner Gedichte

In 1993, als noch sehr viel ‚Umbruch' da war, führte ich in Dresden eine Weiterbildungsveranstaltung durch. Wir waren untergebracht in einer Berufsschule, deren Ausstattung in den Unterkünften noch dem DDR-Standard entsprach. Die Lampe gab (oder gibt?) es also tatsächlich.

An einem Abend auf meinem Zimmer schrieb ich die folgenden beiden Gedichte.

Dresden

Am Anfang gibt sie sich wie je
Die Straßen immer noch besät
Mit Steinen, Dreck und Löchern

Neu renovierte Villen
Bezeugen zwischen Haufen Schutt
Den Anfang einer neuen Zeit
Die alte Stadt stöhnt unter der Gewalt
Von Gegensätzen vieler Art

Die Perlen der Vergangenheit
Schwach glänzend in der Nacht
Die Fassung rostend Eisen

Am Fluss hinüber schauend
Erfassen meine Lungen
Die Illusion von frischer Luft

Der Staub auf meinen Schuhen
Ein letztes Souvenir des Aufenthalts
In Dresden

Lampe der Ehemaligen

Stolz steht sie da
In unverwüstlichem Selbstvertrauen
Trotzt sie dem Bourgeoisiegeschmack

Der Fuß – stabil, der graue Kunststoff
Raffiniert gefasst in Messing über Eisen

Erstaunlich schlank
Entspringt der Stil dem Fuß
Verspottet das Gewicht der Schwerkraft

Und dann
Als Krönung
Ein Traum in Korb und Spitze
Von Plastik einfallsreich gestützt
Graziös Harmonika-gefaltet
Erhebt sie, sprechend ohne Worte
Die Klage gegen Kapital und Kunst

Das Etikett des VEB wirkt wie ein Orden:
„Heldenhaftes Kunstobjekt des Proletariats!"

Etwas über mein Leben

Geboren 1955 in Enschede, Niederlande.
Ich studierte Musik und Psychologie.

Seit vielen Jahren widme ich mich, neben meiner Arbeit als Diplom-Psychologe, der Musik, Poesie und der bildenden Kunst.

Meine große Liebe und Verbundenheit mit der Natur sind die Quellen aus welchen meine Kunst entsteht.

Viel Zeit verbringe ich im Wald, wo Hölzer, Steine und andere Gaben der Natur, mir „sagen", was sie werden möchten.

Ich spüre das Material, bearbeite es mit meinen Händen und in diesem Schaffensprozess entwickelt sich eine Art von Eigenleben. Eine Energie, die auch vom Betrachter gefühlt werden kann.

So entstehen Bilder, Objekte oder „Objektbilder", in welchen sich die Materialien, die Ausdrucksweise und die Aussage in vollkommener Harmonie fügen.

Meine Werke entstehen in der Kommunikation mit dem Material. Das Material verschmilzt mit einem Gedanken im Prozess des Schaffens.

In meiner Liebe zur Natur verwende ich oft Holzstücke oder Steine, die zu mir „finden".
Sie fügen sich dann in ein Kunstwerk ein, wie im folgenden Beispiel.

„Wiederkehrende Formen I" (2005)
unbearbeitetes Holz, Acrylfarbe

Ich schreibe Gedichte, Märchen und Kurzgeschichten. Nachfolgend ein Zitat aus: *„Un Dia de Noviembre"*, erschienen in *„Von der Rettung der Welt -und andere Märchen"*, 2007

„Es war November. Der Tag war dunkel gewesen, nass und kalt. Der erste Schneeregen hatte darauf hingewiesen, dass der Winter jetzt ohne Rücksicht Einzug hielt.

In der dunklen Kirche saß nur eine Person, eine alte Dame. Der Küster hatte sie beim Entgegennehmen ihres Eintrittsgelds etwas mürrisch angeschaut: jetzt würde er da bleiben müssen, bis das Konzert zu Ende war. Sie hatte es kaum bemerkt, weil sie sich so auf diesen Höhepunkt einer sonst ziemlich öden Woche gefreut hatte. Glücklicherweise hatte sie es nicht weit gehabt: ihr Altenheim war nur ein paar Minuten Gehens entfernt.

Es war nicht gerade warm hier in der Kirche. Die alte Frau spürte es nicht: sie hoffte, dass noch mehr Leute kommen würden weil sie fürchtete, das Konzert könne sonst kurzfristig doch noch abgesagt werden. Aber nein, pünktlich kam der Musiker, ein Gitarrist herein. Etwas überrascht schaute er auf sein kleines, wenn auch begeistert applaudierendes Publikum. Er setzte sich hin und fing an sein Instrument zu stimmen."

Andrea Kautzmann & Marten van den Berg
Leben – Unterwegs
Poesie und Kunst – eine Symbiose
2007
Hardcover, 72 Seiten, davon 31 in Farbe
ISBN 978-3-8370-1325-2

Marten van den Berg
Von der Rettung der Welt
-und andere Märchen
2007
Paperback, 60 Seiten
ISBN 978-3-8370-1372-6